नाभिनाल

[कविता-संग्रह]

नाभिनाल

रवीन्द्र भारती

राधाकृष्ण प्रकाशन

ISBN : 978-81-8361-779-6

नाभिनाल

पहला संस्करण : 2016
पहली आवृत्ति : 2023

मूल्य : ₹295

प्रकाशक
राधाकृष्ण प्रकाशन प्राइवेट लिमिटेड
जी–17, जगतपुरी, दिल्ली–110 051

शाखाएँ : अशोक राजपथ, साइंस कॉलेज के सामने, पटना–800 006
पहली मंजिल, दरबारी बिल्डिंग, महात्मा गांधी मार्ग, प्रयागराज–211 001
1, अनमोल सोराबजी संतुक लेन, धोबी तलाव, मरीन लाइंस, मुम्बई–400 002
वेबसाइट : www.radhakrishnaprakashan.com
ई-मेल : info@radhakrishnaprakashan.com

मुद्रक
राजकमल प्रेस
नई दिल्ली–110 002

NABHINAL
Poems by Ravindra Bharti

मोही के लिए

अनुक्रम

नाभिनाल

हमशक्ल

आते-जाते दिनों को अपने रंग में जो हैं रँगते
आवाज़ों के शोर में दबी अनगिनत चीख़ें जिनमें पड़ती हैं सुनाई
वही जो सिर पर उठाए बारिश, आँधी, ठंड, लू—
दिखते हैं दूर-दूर तक
उनके लिए ही भीतर से जाकर, खुले में खोलकर द्वार
निकसकर थोड़ी दूर
उनकी पुतलियों में देखता है कोई अपना मुख
देखता है, देखता है, देखता ही रहता है...

उस देखने को देखता अदीखा-सा उन्हीं में मैं भी कहीं हूँ
और यह जो मेरी एवज़ में बोलता है—
है मेरा हमशक्ल।

सपनों में ट्राम

करिश्मे की तरह छोटी-बड़ी रोशनियाँ
उसके पीछे-पीछे ट्राम में दाख़िल हुईं और
बैठते ही चूमने लगीं उसकी पलकें, कानों की लुरकियाँ
देर तक उसी तरह चूमती रहीं।

ठीक-ठीक नहीं कहा जा सकता कि सपनों की उस ट्राम में
कौन रोशनी सात तहख़ानों से निकलकर आई थी—
कौन घरों की सुराख़ों, नंगी गलियों, पानी के एकान्त सीढ़ियों से...
सभी एक-दूसरे में रही थीं चमक।
निश्चय ही रोशनियों की कोई लिपि होगी—
जिसका चिड़िया को पता होगा
आभास हुआ कि कोई चिड़िया आई कि
ट्राम के भीतर की डोरी हिल गई, बज गई घंटी
मुस्कराती हुई रोशनियाँ
खिड़कियों से हिलाने लगीं हाथ।

ट्राम भीतर की बस्तियों में चलता हुआ
पानीवाले बादलों से गुज़रता हुआ—
उन दृश्यों की ओर बढ़ने लगा
जहाँ एक-दूसरे के स्पर्श से आकार ले रहा था प्रेम

और छोटी-बड़ी उम्र में खिल रहे थे—
गुच्छ के गुच्छ सपने।

यही वह जगह थी जहाँ से नज़र आते थे दूसरे ग्रहों के आँगन
और सृष्टि के पूर्व का धुँधलका
इतने पास लगते थे तारे कि कहना ही नहीं...

कितने अरसे से मैं उसे इसी तरह देख रहा हूँ
ट्राम में चलते हुए रोशनियों के साथ
और हमारा प्रेम भी चल रहा है उसी तरह।

होते हैं सभी, समय जिन्हें करता है बूढ़ा
सिर्फ़ प्रेम ही है हमारा जो बूढ़ा नहीं हुआ।

गुनिया

पथों में जिन चरणों के पीछे
दीवानगी में गए चरण शताब्दियों पूर्व
उनमें से कुछ की कथा थी उसके पास
उनकी राग-रागनियों में उसकी सिसकियाँ थीं—
जिसे वह घूम-घूमकर
नये-पुराने पथों में सुनाता रहता था।

वह सोरठी गाता था और हेरता रहता था
उनका हेराया हुआ धीरज लोगों की आँखों में।
एक दिन मुझे मिला जब वह समूह में था
ताँत की धुन के साथ अपने को उड़ेल रहा था धीरे-धीरे।
मैंने चुल्लू बाँध ली और झुक गया
धीरे-धीरे दरिया के रंग का हो गया
आसमान के रंग का हो गया धीरे-धीरे...

चुप्पियाँ

आस्तीनें गीली हो रही थीं, भीग रही थीं तारीख़ें
शब्दों के मर्म के पास था मैं—
जहाँ चुप्पियाँ बैठी थीं अपना कितना कुछ लेकर।
यही चुप्पियाँ
पिता के अन्तिम दिनों में उनके साथ थीं
और यही, बुद्ध जब कपिलवस्तु छोड़ रहे थे—
उनके होंठों पर थीं।

चुप्पियों को बरसों बाद देखा कि
आँखें डबडबा आईं
बहुत कुछ सोचकर उनसे नहीं पूछा कि
अपने अन्तिम समय में—
क्या सोचते थे पिता, बुद्ध।
अकेला नहीं
बादलों से निर्वासित जल के साथ था मैं
आस्तीनें गीली हो रही थीं, भीग रही थीं तारीख़ें।

बिछिया

फुटपाथ पर सँवर रही हैं कचरा चुनने वाली लड़कियाँ
एक-दूसरे के हाथ में थम्हाकर आईना
बना रही हैं चोटी, लगा रही हैं किलिप
फुदक रही हैं मन-ही-मन।

नहीं है कोई दीवाल दरवाज़ों और आँगन के बीच
नहीं हैं कुंडियों से झूलती ज़ंजीरें
खुली राह में काली के ब्याह का बज रहा है ढोल
हो रही हुलिहुली।

सरग-नरक के किस पिछवाड़े से उठाकर
लाती हैं वे ऐसा अपूर्व उल्लास
कचरा चुनते-चुनते कहाँ से चुन लेती हैं—
इतनी मुहब्बत, इतनी बेफ़िक्री
कि हज़ार राहों की आतिशबाज़ियों की रोशनियाँ—
थिरकते हुए लगती हैं बिखेरने!

भविष्य की चिन्ता में मुस्कराते दृश्यों से नज़र चुराने वाले
कल्पना भी नहीं कर सकते—
जिस आह्लाद के साथ पचासों अनाम लोग

काली के दूल्हे के साथ खा रहे हैं माछ–भात
पूरा फुटपाथ जलतरंग की तरह बज रहा है
और लड़कियों की आँखों में चमक रही है—
काली के पैरों की बिछिया।

सरोकार

हम बाज़ार से कब का निकल आए
लेकिन वे कहाँ रह गए—
जो मुझसे पहले चले थे यहाँ के लिए!
सब कुछ सामान्य नहीं है यहाँ
लम्बे दिनों से उठते-बैठते, खाते-पीते, खेत-खलिहान में
लोगों को डँसते जा रहे हैं विषैले नाग
उतारते जा रहे हैं ज़हर तनिक भी पाकर दाँव
हम सुन्दरवन में इन्हीं को उच्छिन करने को हैं छिपे हुए
कोई निकालने नहीं आए हैं शहद बाँधकर मुँह।

हमने बहुतों को खोया
नहीं खोया सब्र एक पल के लिए भी
आज के दिन भी नहीं जब दुनिया के मुल्क
भय पैदा करने को आसमान में चमका रहे हैं—
अपने हथियार।
हमारा विश्वास हमारे साहस की पेशानी चूमता है
दूबों का हरापन खोलता है—
हमारे सामने अपना रंग
नमक खोलता है अपना नमकपन

कुंडियों से लगे दरवाज़े, झरोखे-जंगले खोलते हैं प्राण
धूप और बारिश

अपनी पोटली से खोलती है पुराने बीज
और बीज फ़सलों की भाषा में करते हैं बात
लेकिन वे कहाँ रह गए
जो मुझसे पहले चले थे यहाँ के लिए!

कँवलगट्टा

दूर से उड़कर पानी में आए जंगली पत्ते
गहरे में बैठकर मुस्कराते हैं
जब बावली को पार करते समय
भीग उठता है किसी का जाँघ के ऊपर बटोरा हुआ कपड़ा।
कभी-कभी वही पत्ते—
घरों लौटते मवेशियों के खुरों में पैदा करते हैं गुदगुदी
कि वे उछलने लगते हैं एक-दूसरे की पीठ पर।
देखकर उनकी निर्गुन रसिकता—
भीतर मुदित मन है छलकता।

कितने बरस पर खुले कंठ से मैंने पुकारा राह में—
जिस-तिस का नाम धरकर
जब पानी से काढ़कर किसी लड़के ने थम्हाया कँवलगट्टा।

महाब्राह्मण

वहाँ कोई नहीं है
धिकते हुए लोहे की तरह लगती हैं अपनी ही साँसें खाँसते हुए
अपाढ़ है उठना-बैठना
आवाज़ जो रहती थी समय-असमय में तत्पर
वह भी काया के भीतर कहीं जाकर बैठी है छुपकर
बहुत पुकारने पर बेमन से आती है बाहर।

अकेला है महाब्राह्मण
उसकी तिरस्कृत देह पड़ी है उसके ही मन के आगे
जो मन खाकर मृतकों का अन्न
हँसता रहा सदैव शोक में
काँख में दबाए मृतकों के बरतन
मृतकों की सेज पर सोता रहा
यजमानों को कर शुद्ध, अशुद्ध बना रहा
आता-जाता रहा गाँव के बाहर-बाहर
कहाँ कभी छोटा हुआ कि होगा आज—
यह दशा देखकर!

कहाँ कभी घबड़ाया
परन्तु आज क्यों हो रही घबड़ाहट
क्यों लग रहा है कि

मृतक देह के निमित्त मिली साड़ी, आलता, शॉल
खूँटी में टँगे झोले से निकाल रही है प्रेतात्मा।
वह निकाल लेगी तो क्या दूँगा—
बेटी मायके में आई है पहली बार!

सोचते पसीने से लथपथ हो गया महाब्राह्मण
उसने उठने का किया बार-बार यत्न
जब उठ न सका तब जमाता को इशारे से बुलाया
गड़ा धन बताएँगे—
ऐसा सोचकर आए सभी परिजन।

हवा तेज़ थी
कि फड़फड़ाने लगे चाँद-तारे
देखते-देखते पोथी से निकल—
खिड़की से हो गए बाहर।
जमाता दौड़ने लगा कमरे में धरने को उन्हें
सँभाले हुए हाथ में कुश की पैती...

चिड़िया और रास्ता

मृत्यु की बग़ल से बचाकर जिउ
वह चली आई बग़ल के झुरमुट में
बेरास्तों से आती है बारूद की गन्ध।

शहतूत, पाकड़, पीपल की काँप रही हैं फुनगियाँ
हिल रहा है नदी के बीचो-बीच अथाह जल
अशान्त घोंसले का तिनका उठाकर सिर देखता है—
मुँह फेरकर बैठी उस चिड़िया की आँखों की ओर।

उसकी आँखों में कितने रंग बन-बिगड़ रहे हैं
उन साथियों के जो रास्तों से लौटे नहीं
और जिनके चोंच का दाना बिखर गया आसमान में

कितनी मिलती-जुलती है रसूलन से उसकी आँखें
रसूलन वही बग़दाद वाली
बदहवास जो अपने शौहर के रक्तरंजित कपड़े लेकर
सड़कों पर निकल जाती है रात-बिरात।
महीनों हुए वह बोलना भूल गई
कहीं वह चिड़िया भी तो बोलना नहीं भूल गई!

कौन हैं वे जो छीन रहे हैं बोलने का हुनर?
उड़ने का हुनर छीन रहे हैं?

दुनिया के मैदानों से छीन रहे हैं—
उनकी घासें, लताएँ?
एक-एक कर मिटते जा रहे हैं रास्ते से अपने लोग
आख़िर उन्हें कितना चौड़ा रास्ता चाहिए?

आँखों से ओझल हो और कुछ कि
थोड़ा एक-दूसरे के और क़रीब आ जाओ
चिड़िया यों ही नहीं आई है—
थोड़ी ज़मीन, थोड़ा आसमान खोजते इधर।

सिर पर हाथ

अनेक रात-दिन पार करके
धूल की रस्सी से बाँधते, खोलते, खोलकर फिर बाँधते हैं
अपने देखे हुए को
इधर ही रखेंगे यह माल-असबाब अपना परिंदे
कवि थोड़ी-सी जगह दो पास में।
यह सुना कि खोलकर द्वार
चरण-रज झुककर लिया
हाथ सिर पर रख गई—
जहाज़ के मस्तूल को छूती ठंडी हवाएँ।

भाषा-1

पलटने से नहीं पलट रहे हैं पृष्ठ
पाथर हो गई है काया
घाट की सीढ़ियों के पास खुली पड़ी है किताब।
भाषा को कन्धा देनेवाले विमर्श कर रहे हैं—
कि क्या किया जाए, दहा दिया जाए
या दाह-संस्कार कर यहाँ बना दी जाए समाधि।
विमर्श में चूँकि नामचीन लोग हैं
कई बोलियों की शवयात्रा में शरीक होने का उन्हें अनुभव है
स्वाभाविक है कि उन्होंने विमर्श को गम्भीरता से लिया
और उसे सेमिनार का रूप दे दिया।
ऐसा संयोग कभी-कभी होता है कि
जिसका कोई वारिस न हो उसके लिए हो ऐसा आयोजन।
छूटे चले आए शहर भर के ज्ञानी, गुनिया।

धकियाकर आगे जानेवालों से पिछली क़तार में बैठी—
संस्कृत ने इशारतन कहा
भाषा ने जीवन में जो कुछ अर्जित किया
उसे सिरजकर रखा है इस पत्थर की किताब में
यह उसकी मुखाकृति नहीं
सृष्टि की पहली सन्दूक भी है

बिना खोले सन्दूक, भला कोई कैसे कह सकता है
क्या है भाषा का अवदान!

पता नहीं उसकी आवाज़ मंचासीनों तक पहुँची कि नहीं
कि इस बीच आ गए—
कई नामचीनों की जगह कई नामचीन
कुछ नामचीन बैठे रहे हैं बाहर
अपनी बारी के इन्तज़ार में
भाषा के शव के पास।

भाषा-2

पानी में झूलती धूल-भरी घासों से लगी जड़ों की फुनगियाँ
फिजी, सुरीनाम, मारिशस के आसमान को जो हैं छूती—
हाँ, उसी की भाषा का घर है।
धरोहर बोलकर ले जाने वाला ऐसा यहाँ कुछ भी नहीं
कुएँ की जगत पर कुछ पुरनियों के पैरों की छाप है—
जिसे न तो दिखाया जा सकता है, न उठाया
गिन्नी, अशर्फी नहीं, हमारे बच्चों के नाम हैं—
मिरजई, मारकीन, पसीना
कोई बही नहीं, खाता नहीं
हस्तलिखित अक्षरों की परछाइयों में
किसी के पैरों के नीचे से खिसककर आई कोई ज़मीन नहीं
मन की पताका देह में फहरती है
कोई कोठी, अटारी नहीं।

कुछ भी नहीं है गोपन, कुछ भी नहीं है अनन्त
सलाई की एक तीली की रोशनी में है अपनी दुनिया।

पंडित रविशंकर

मात्राओं की काया में अक्षरों के होते विसर्जित
फूटता है जिस राग का रूप—
उसी रूप के हैं पंडित रविशंकर।
अपनी लय में जब आते थे—
हो जाते अपने से छह गुन, आठ गुन ऊँचे
समान भाव से पानी में, हवा में लगते थे तैरने
दबी हुई मन के भीतर लोगों की कितनी ही बातें
पहुँचने को आतुर हो जाती थीं—
अपने प्रिय के कानों में।

मैंने उन्हें जब भी बैरागी तोड़ी, भैरव ठाठ में देखा
राग के अलग-अलग टुकड़ों, अलग-अलग अंग में देखा
चाहा उतार लूँ कैमरे में
ख़ुशबू की उतर नहीं पाई, उतर गई फूलों की छवि
दीवाल पर टाँगने के लिए—
मेरे पास नहीं हैं पंडित रविशंकर।

अकेले के पास

बचे हुए को छोड़ते आहिस्ता
तेज़ बौछारों में उतरकर—
निकल गया वह बारिश के अँधेरे में चुपचाप।
उफनती नदियों के पीठ पीछे
किसी को टेर भी न लगी
यहाँ तक उन राहों को भी नहीं जो लोगों की पगध्वनियाँ
करती हैं लिपिबद्ध।

देखा वही बरस-दिन पर अदनार मुख
लताओं, वृक्षों, पहाड़ों की उपत्यकाओं में।
उछल गया भीतर ही भीतर, भीतर का किरदार
पास बैठा हूँ उसी के जिस तरह आकर यहाँ
वह भी बैठता था कभी देखकर मुझको अकेला।

नदियों का कुशल-क्षेम

देह का नाता ही रहा होगा कभी का कि लेने खोज–ख़बर
वे चले आए नदी के द्वार
छोड़कर हाथ का सारा काम–काज।
एक–दो नहीं, आठ–दस जन थे
जुबान अलग–अलग थी उनकी
नहीं समझते थे एक–दूसरी की बात किन्तु—
नदियों की भाषा थी उनके पास
वही एक–दूसरे को जोड़ती थी।
उनमें से कइयों ने कइयों को चिन्हाया मुझे
मैं जानता सिर्फ़ राजेन्दर को था—
जिन्होंने किसी बूढ़े के कहने पर
राजस्थान के एक गाँव से रूठकर जा रहे पानी को—
मना कर ले आए थे वापिस।

पानी की बहुत करुण कथा है
अपने अजस्र धाराओं के साथ न जाने कब से
धरती के भीतर लुप्त हुई—
अपनी नदियों को ढूँढ़ रहा है।
उन खोई हुई नदियों में
हमारी भी कई नदियाँ हैं

उनका पानी मुझे पुकारता रहता है—
आमी के पास बैठूँ या गंगा, राप्ती, बुद्धा, कुआनों, सरजू के पास।
क्या उन नदियों को उन गुड़ियों की स्मृति होगी
जिन्हें पंचमी के दिन बच्चियाँ
अपने भाइयों के साथ जलाशय के किनारे सेरवाने जाती थीं
जिससे कि नदियाँ गुड़ियों के भीतर—
कर सकें दुर्गा की सृष्टि!

बहनों का नदियों से पुराना रिश्ता है
मुझे भूलती नहीं हैं नदियाँ, गुड़िया और बहनें,
याद है बहन जब विदा हो रही थी—
मैंने अश्रुपूरित नेत्रों से उसके आगे बढ़ाया था
पीने के लिए लोटे का पानी।

उस रात पानी सोचते-सोचते पानी हो गया
और देखा थोड़ी देर में
मुझे कोई कन्धे पर उठाकर ले जा रहा है।
प्यास से रोते हुए बच्चे की आवाज़ कानों में पहुँची तभी
मैं बच्चे के होंठों से आ लगा
और बहने लगा उसके आस-पास।

वह जो मुझे ढोकर ले जा रहा था
छोड़कर चला गया निर्जन में।
आवाज़ मेरी सुनकर गाय चराने वाला गोरखा
आया मेरे पास, बैठकर गाने लगा
हवाएँ आईं, वह गाने लगीं
मेरी उम्र की एक औरत आई—
वह मुझमें अपना चेहरा देखने लगी

बिछुड़ी हुई तमाम नदियाँ एक-एक कर आईं
मुझे अंजुरी में उठाया, सिर से लगाया।
उसी समय सुनकर बाहर की आवाज़
पानी के साथ दरवाज़े पर आ गया।

रचना-प्रक्रिया

झाँक रही हैं खिले हुए दिन में खिली हुई ईंटें
कि खुल गया भट्ठे का मुँह।

लोगों को नहीं था भरोसा
पर टिक गई उस बारिश में भी कुम्हार की आग
बाहर भनक भी न लगी कि आँच—
भीतर ही भीतर लहकती रही ईंटों के बीच।

इसके पहले कि ईंटें उनके पास जाएँ—
जिनके नाम के अक्षर और हलंत
चमक रहे हैं उनके सीने पर
वहाँ जाकर वे घर, आँगन में चुनी जाएँ कि
मुझे कहने दीजिए उनके लिए दो शब्द
हो सकता है कि उनकी स्मृति में हो—
जब बैसाख की खड़ी दोपहर में घाम से बचाने
उनके लिए छाता लेकर गया था
कि ठठाकर हँसा था रास्ते का पानी
लजा गया था मैं, ज़ाहिर नहीं करना चाहता था—
दूसरे से अपना प्यार।
कच्ची उम्र थी हमारी, दुनिया का नहीं था पता
नंगे पैर कहाँ-कहाँ चले जाते थे

एक बार पेड़ पर चला गया
किसी को सूखी लकड़ियाँ चाहिए थीं
उसे लकड़ियाँ जब मिलीं कि वह चलता बना
उतारना भूल गया मुझे।

किसने उतारा?
किसने बढ़ाया हाथ उस शाम?
चिरई का पूत नहीं था दूर-दूर
क्या कुम्हार को हवा और पानी ने भेजा था
कि कच्ची ईंटों ने?
वह आया लगा कि चाक से उतार कर
ज़मीन पर रख रहा है मुझे।

पानी दिलाने उसकी याद
चुपके से आकर आँखों में
हँसाता और रुलाता रहता है गाहे-बगाहे।

चिकवा

अपार्टमेंटों के बीच
ईंट-गारों से बना छोटा-सा घर है वह
जिसके दरवाज़े पर हल्की-सी होती है दस्तक कि
बढ़ जाती है धुकधुकी
काँपने लगता है बरतन का जल
बरामदे की गौरैया लगती है चहचहाने।

कितने दिन हुए वह घर सोया नहीं अपनी नींद
कभी-कभी मेरी नींद भी उचट जाती है—
उसकी नींद के साथ
कभी-कभी एक छोटे तार में गुँथी चिट्ठियाँ—
एक-दो अलग होकर
उस घर से उड़ती हुई आ जाती हैं दरवाज़े पर मेरे—
समूह में गाती औरतों की ध्वनियाँ
फूलों की ख़ुशबू के साथ आ जाती हैं कभी-कभी
और धूप उसके कन्धे से उतरकर
प्रायः रोज़ ही पहुँचती है ओसारे में सुबह-सुबह

किसी की धूप नहीं रोकने वाला घर है वह
ऐसे घरों को किसी की नज़र न लगे—
लोग बचाकर रखते हैं घर।

घर कोई दुर्लभ फल नहीं कि
उसके पास से गुज़रने वाला घूरकर देखता रहे उसे।
न ही बाज़ारू सौदा है कि
किवाड़ बजाकर पूछा जाए बिक्री का भाव।
वह उन लाखों घरों में से एक है—
दूर-दूर दिखते हैं जो अपनी बस्ती में सिर उठाए।

बर्दाश्त से बाहर हो रहा है—
घरों को सताने का यह ख़तरनाक खेल
आँखें बटन नहीं, वह सब देख रही हैं कि
कागज़ से बँधे खेतों को—
भेड़-बकरियों की तरह चिकवा के पीछे-पीछे
कौन ले जा रहा है हाँककर?

नामघर

नामघर में सुबह-शाम
शंकरदेव के पदों को गाती रहती हैं विदुषी
धीरे-धीरे बजता रहता है ताल और खुल।
कोई स्तूप नहीं, स्थापना नहीं
पंडित नहीं, छवि नहीं, मूरत नहीं
भीतर है प्राण में सूरत आँकी हुई अपनी-अपनी
उसी को देखता है मन पदों में, मौन में
फूटता है हंकार उसी के लिए वहाँ।

असम के एक गाँव के नामघर में
बिना पकड़े मेरा हाथ
उन्हीं सूरतों में एक ने बिठा लिया मुझे
झाँकते चलते हैं जो दूसरे के एकान्त में
उन्हें थाह भी नहीं लगा कि
कब कसमसाता जल ढाहकर बाँध
आ गया कीर्तन में छाती भर
और वह सूरत तैरती चली आई मेरी ओर।

प्रयोगशाला

आँखों की जगह उसने आँखें पहनीं
कानों की जगह कान
ज़ुबान मुश्किल से मुँह में आई
ज़ुबान जो पहले से थी भीतर वह नहीं चाहती थी कि—
कोई ले उसकी जगह।
ज़ुबान की इस असहाय स्थिति को देखकर
वैज्ञानिक कुछ देर ठिठका
तभी उसे दूसरे वैज्ञानिकों ने भरोसा दिया कि
वह बेझिझक अपनी स्मृतियों को उतार दे
न करे चिन्ता
लौटकर जब वह जाएगा प्रयोगशाला के बाहर
उसे आँखों, कानों, ज़ुबान के साथ—
वे भी मिल जाएँगी सुरक्षित ज्यों की त्यों।

रोमांचक था एक मनुष्य को इस तरह प्रयोगशाला में जाते हुए देखना
वह गया विज्ञान की गिनती के साथ—
ब्रह्मांड में गूँजते अपरिचित उच्चारणों के बीच—
अपने आदमी को छोड़कर अकेला।

वहाँ से लौटकर बाज़ार में जब दाख़िल हुआ
बदल दिया दुनिया का हिसाब-किताब

ख्याति इतनी बढ़ी कि
जिस दरवाज़े पर अपना सैंडिल उतारता
लोग हो जाते थई-थई।

सुर्ख़ियों में छपने लगी उसके छींकने की ख़बर
क्या-क्या नहीं हुआ मगर
खटका रहा लगा हुआ उसके प्रियजनों के भीतर
नहीं सुहा रहा था कुछ भी उन्हें
दाँत काट रही थी वह ख्याति
फिर से उसे पाने के लिए वापिस—
प्रयोगशाला का वे लगाने लगे चक्कर।

माँ के पहचान में नहीं आ रहा है बेटा
दूर से देखकर पूत का फ़ोटो
फफक रहा है बाप।
साल पर साल बीतते जा रहे हैं
साल-दर-साल से
वैज्ञानिकों का दल दे रहा है उन्हें तीहा
पोंछ रहा है उनके आँसू कि
बस कुछ दिन और
और कुछ दिन, जल्द ही लौट आएगी
उसकी स्मृति।

कोरस

अपनी ऊँचाई से उतरकर
मौन में मेरे एक गूँज उठती है
न जाने कितनी अदीखी, अनसुनी वाद्य-अंगों की
रह-रहकर अनन्त में होती है चमक
कोरस में जन्मे नये-नये राग की।

कोई सुने न सुने मगर मैं सुन रहा हूँ
अपने को दूसरों की तरह सुन रहा हूँ
और दूसरों को इस तरह कि
रेड़ा हुआ धान का बिरवा पचासों धान की धड़कन
सुनता है जिस तरह पेट में अपने।

अचीन्हे का रंग

एक टोंग छुआ कि
दूर करघों के धागों तक फैल गया वह
रहा नहीं कोई कोरा
न आस-पास की आवाज़ें
न आवाज़ों की परछाइयाँ
न उसे देखती आँखें।

यह रंग बादलों का रहा होगा
रास्ते में ऐसा ही मिला है मुझे
इस मिलने को अवधी में कहते हैं परुआ मिलना।
परुआ शब्द सुनकर रुआँसा हो जाता छुटपन में—
जब माँ कहकर हँसती थी कि
जना नहीं है तुम्हें, परुआ मिले हो तुम।
जो भी हो, यहाँ तो सचमुच
बादलों की अनेक चीज़ें परुआ में लोगों को मिलती रहती हैं।
वे हमारी बस्तियों से गुज़रते रहते हैं
हाट-बाज़ार करने वालों के माफ़िक
कभी-कभी दरवाज़ा खुला देखकर
लोगों के घरों में चले आते हैं स्वत:
कुछ तो रह जाते हैं ताउम्र
किसी-किसी घर की गृहस्थी के साथ

उनके जाने के बाद लगता है कि
वे आदमी नहीं, बादल थे जिन्हें हम चीन्ह नहीं पाए कभी

हम बिना चीन्हे सचमुच कितनों के साथ रहते हैं
पंछी, वृक्ष सरीखे और
एक–दूसरे की आँखों में खोजते रहते हैं कुछ न कुछ
अपने को लेकर जब बैठते हैं अकेले में।

जागरूकता का फ़ोन

जागरूक करने को आए वे ढेर सारे—
टेलीफ़ोन नम्बरों के साथ।
बताया कि बलात्कार हो अमुक नम्बर पर फ़ोन करो
हत्या, आगजनी हो अमुक नम्बर पर।
माँओं को अपने शिशुओं को दूध पिलाने का तरीक़ा बता गए
और पति के साथ सोने का भी
उनका कहनाम था कि—
अधिकांश औरतें औरत होकर भी नहीं रह पातीं औरत
औरत को औरत होने का सलीका सिखा गए।

बड़े-बड़े भोंपू लगे थे
उजड़े हुए गाँव में बचे हुए घरों की ओर
टेंट के नीचे थीं आठ-दस औरतें—
बैठी थीं ज़मीन पर एक-दूसरे से सटकर
मुखिया कुर्सी के पीछे खड़ा था—
मिठाई की तश्तरी हाथ में लेकर।

अधिकारी बरफ़ी का एक टुकड़ा डालते मुँह में
सन्तुलित आहार का करने लगे बखान
बीच में किसी औरत ने पूछा—
कहाँ मिलेगा वह?

क्या फ़ोन नम्बर है उसका ?
यह सुनकर ठठाकर हँसा अधिकारी
हँसता रहा देर तक।
औरत कुछ समझ नहीं पाई
वह निहारती रही खेत में लगे मोबाइल टावर के नीचे—
पंछी की लाश ले जाती चींटियाँ
और चुपचाप उठकर चली गई सभा के बाहर।

मुखिया आपस में करने लगा खुसुर-पुसुर
हुज्जत नहीं करनी चाहिए हर बात पर
रखना चाहिए सब्र
औरत पृथ्वी है, पृथ्वी को रहना चाहिए पृथ्वी की तरह।
औरतों में किसी ने तभी पूछा कि
किस नम्बर पर मिलेगा सब्र ?
अधिकारी ताकने लगा औरतों का मुँह
उसके होंठों पर इस बार हँसी नहीं थी...

पास का मानुष

निरा पत्थर नहीं
नदियों के पगचिन्ह हैं इस पर
लाया हूँ उपत्यकाओं से साथ अपने
और वह परिधान भी जिससे—
आभा बिखरती है नई–नई, हर पहर
जी जुड़ाता है, जुड़ाता ही रहता है।
हाँ, वही जिसे सूर्य की रश्मियाँ
सागरमाथा को पिन्हाती हैं।
पिन्हाते–पिन्हाते
सृष्टि करती स्वप्न की, प्रेम की।
कुछ इसके इतर भी है—
ओस की बूँद की आवाज़ में बन्दिश गाई हुई सी...

इस तरह सौगात में
काढ़कर हृदय किसी ने रख दिया
पास का मानुष समझकर।

नाभिनाल

घोड़े राहों की ओर मुँह किए खड़े हैं
और मेढक घर की उस किवाड़ से लगा है—
जिसे लेकर आई है नदी।

मेढक को किसी के घर से क्या लगाव
वह कोई पोसुआ थोड़े है
रोटी बनाती, सब्ज़ी काटती औरतें
और खेलते बच्चों के आस-पास
यूँ ही रहता है वह घरुआ बनकर।
पोसुआ जो थे, वे एक-एक कर बाहर गए
धीरे-धीरे भूल गए घर का रास्ता
मगर वह तो पड़ोस की लड़की की झोली से कूदकर चला आया
ले गई थी जो विज्ञान की प्रयोगशाला की मेज़ तक उसे।
मुझे लगता है कि पानी जब जन्मा होगा
उसकी पीठ पर जन्मा होगा मेढक
घर बनने की जब शुरुआत हुई होगी—
दीवाल जब चुनी जा रही होगी तभी वह चला आया होगा
गारे के पानी के साथ तालाब से निकलकर
और चौखट लगते ही धर लिया होगा—
दरवाज़े का एक कोना।

हो सकता है कि यह बहता हुआ घर
वह घर न हो जिसे उठाकर लाई है नदी
न ही यह वह मेढक हो जिसका जिक्र कर रहा हूँ मैं
न ही ये वे घोड़े हों जिन्हें नहीं मालूम कि
उनके सवार नहीं लौटेंगे कभी।

माना कि हाव-भाव है अलग-अलग
भाषा है जुदा-जुदा
फिर भी यह नाभिनाल हिलता है—
इधर की हवा से भी, उधर की हवा से भी।

स्पर्श

कहीं कोई अंग छू गया उसका
उस अनन्त विस्तार में
अँधेरे में एक ख़ुशबू उठी कि
रच दिया मन में उसकी आकृति।

मोटिया

कोहिमा की सड़कों पर घूमते बादल
ऊपर की बस्तियों से उतरकर
ढलानों की नीचेवाली बस्तियों में जा रहे हैं
वे ढूँढ़ रहे हैं, नहीं मिल रहा है मोटिया।

कोई पहली बार तो वे गए नहीं थे
पहाड़ की सबसे ऊपरी चोटियों को चूमते—
नगा से बनने बादल।
वे जाते ही रहते हैं लेते हुए अनन्नास की मिठास
घाटियों से गुज़रते रहते हैं—
मोटिया के साथ रात-दिन।

जाते इधर से उधर बावला नगा ने जगा दी है बारिश
कि स्वरान्तर के जग गए हैं राग
मैं खिड़की से देख रहा हूँ—
सितारे-सा चमक रहा है मोटिया।

अपूर्व संसार

रातों–रात म्यूज़ियम के फाटक से बाहर चली गईं—
खुदाई से निकली मूर्तियाँ।
मुझे विश्वास नहीं हुआ जब सुना पहली बार कि
वे कथा–कोलॉज के एक समारोह में
कहानी का पाठ कर रही थीं जन–दर्दी कहे जानेवाले रचनाकारों के बीच
और शहर में आ रहे थे रह–रहकर भूकम्प के झटके
लोग हदस में बिता रहे थे मैदान में रात

मुझे विश्वास नहीं हुआ जब सुना पहली बार कि
शहर के बीच चौराहे पर एक आदमी—
ज़िन्दा जला दिया गया
लोग आते रहे—जाते रहे।

मुझे विश्वास नहीं हुआ मगर मैं दंग रह गया
चलती–फिरती मूर्तियों की संख्या देखकर
सिहर उठा सोचकर आगे का दृश्य
जबकि यह अपूर्व संसार इस सबसे बेफिक्र
दुकान–पाट कर रहा है
सैलून में दाढ़ी बनवाते अख़बार पढ़ रहा है
म्युनिस्पैल्टी के पानी की ख़ातिर
बाल्टी लिये लाइन में खड़ा है
क्रिकेट मैच में तालियाँ बजा रहा है।

जोहार

जंगल से चरकर बैल बिना हँकाए
शाम ढले चले आए संथाल के दरवाज़े पर
आते ही उन्होंने झाड़ दी पीठ
कि भर गया राहगीरों, चिड़ियाँ की आवाज़ों से घर।

विपन्न घर में इतनी सम्पन्नता देखकर—
लजा गई मोटर-गाड़ी में बैठी मन की विपन्नता
देखती रही चकर-मकर
जंगल में रहा गूँजता जोहार, जोहार...

बुनिया

मुझमें रचा-बसा तुम्हारा स्वर
खिलाता रहता है रिद्म के मुखड़े।
आस-पास की वनस्पतियाँ
कितना ही धीमे क्यों न गुनगुनाए
मुझे उसके लिए कानों में—
नहीं घुसाने पड़ते किसी मशीन के तार।
विश्वास करो सहकर सारे कष्ट
मैंने अपने को उनका बनाकर रखा—
जिनकी आवाज़ नहीं जा पाती उनके दायरे के बाहर।

छोटे-बड़े कितने दुःख आते हैं—
खेत की मेड़, साइकिल की ब्रेक ठीक करने के बीच
सभी ऐसे गुज़र जाते हैं
कमीज़ के बटन खोलते-बन्द करते।
छोटी-छोटी ख़ुशियों में चहकता हूँ
जाता हूँ दौड़कर अभी भी लाने को तुम्हारे लिए—
बुनिया गरम-गरम।

सौदागर

सौदागर अक़्सर खड़ी दोपहर में
जसोदा के साथ आता था लेकर दुनिया-भर के सपने।
वह राजा की पोशाक, मुकुट, ख़ंजर, मोहर दिखलाता था
कहता था कि आओ मेरे पास—
और उठा लो इसे।
सिंहासन मैं तुम्हें दूँगा, सोने की सिल्ली रहेगी पैरों के नीचे
आँखों के आगे-पीछे बेशुमार होंगे अमला-फमला।

लोग थे कि सौदागर की बातों पर नहीं देते थे कान
कोई हल-बैल के साथ व्यस्त था, कोई गाय-गोरु के साथ
कोई बैंड की धुन में व्यस्त था, कोई नाच-गान में
कोई आग-पानी में व्यस्त था, कोई खेत-बधार में
किसी को न थी फ़ुरसत...
सौदागर फिर भी नहीं मानता था बुरा
बल्कि दोनों कर जोड़ लोगों का जनाते धन्यवाद
बोलता था नमस्ते... नमस्ते...

सौदागर इसी तरह आता था, जाता था
लोगों के बीच, लोगों के बिना सुनाता रहता था अपनी बात
कि इस बीच पता ही नहीं चला कि
न जाने कब सौदागर के दरवाज़े पर लग गई लाइन—

पानी के लिए, आग के लिए, दूध के लिए
और जसोदा उड़न-खटोला पर उड़ने लगा—
चूतड़ मटकाते।

हम चीन्ह न सके उसे
वह ईस्ट-इंडिया कम्पनी, सत्यनारायण कथा का सौदागर नहीं था।
जसोदा ठीक कहता था कि
अभी बुलाने पर नहीं आते
समय आएगा कि हर बात के लिए जोहना पड़ेगा उसका मुँह।

कितना सीधा, कितना सुन्दर लगता था सौदागर
वह जब हँसता था कि
मोती की तरह चमकते थे उसके दाँत।

राग मल्हार

सुबह के धुँधलके में
नदी की आवाज़ कानों को छू रही है
जम्हाई से आ रही है—
उसकी देह की गन्ध।
भर रात राग मल्हार में भीगता रहा
भर रात होती रही बारिश
पखावज, सारंगी के बीच...

रेस्तराँ

पहाड़ से ससर रही है बर्फ़
नई त्वचा पहिन आत्माएँ आ गईं बाहर
मैंने उनकी अगुआनी की और
उन्हें लेकर एक रेस्तराँ में आ गया।

दिन चढ़े से साँझ तक
हवाएँ जंगल से ढोती रहीं सेमल के फूल
मगर देह से उनकी आती थी आम के मोजर की गन्ध—
दूसरी गन्धों को कोने-अतरे से जगाती।
वसन्त ने उनसे मेरा परिचय कराया।
वर्षों पूर्व एक टुकड़ा मेरे आधे का खोया हुआ—
उन्हीं में मिल गया हठात्।
मैंने उसे छाती से लगा लिया
कि तभी छुटकी आ गई ढूँढ़ते मुझे
कहने लगी कन्धे में डालकर बाँहें
कर रहे हो यहाँ सूने में क्या?
मैंने चुप का इशारा किया फिर भी उसे लगा
रेस्तराँ में अकेला हूँ मैं...

जेब-घड़ी

समुद्र के किनारे पत्थरों को चुनते
वह समुद्र की आवाज़ में
समुद्र से करता रहा प्रार्थना कि पत्थर न फेंके जाएँ
अपनी तरफ़ से किसी की ओर।
बिना हुए विचलित सहजता से बढ़ाते एक-एक पग
समुद्र को आकाश के विस्तार में ले जाते—
जब कभी पत्थर उछलकर लगते उसके सिर और सीने में
अपने से भी करने लगता प्रार्थना और
मुक्ति शंख फूँकने लगता प्राण भर साहस के साथ।
गूँज उठता समुद्र का स्वर चहुँदिश—
उस एक स्वर में।

वह जिस दिन गया चूल्हे में आग नहीं जली
कई दिनों तक घर के मौन में
चरखे को कात रही थी अदृश्य हाथों की पूनी

तब से अब तक कितने दिन बीत गए
हठात् आज के दिन
घर जाने की राह में भीड़ के बीच
तनिक-तनिक-सी दिख गई उसकी जेब-घड़ी
सुनाई पड़ गई कानों को तनिक-तनिक-सी उसकी टिक-टिक।

युद्ध

उस रात भुल्ल से बदल गई आँखों की रोशनी
हम एक-दूसरे को विस्मय से देखने लगे।
सिर पर न सींगें थीं हमारी न पुट्ठों के पीछे झूलती पूँछ।
कन्धे से न जाने कब बदल गई—
बिना पंख आकाश में उड़ने वाले जानवर की सूरत।

सूरत बदल गई
दो हाथ, दो पैरोंवाले हो गए हम फिर एक बार
वे भी ऐसा ही हो गए जो—
नदी और पोखर में दूसरे की बुझने नहीं देते थे प्यास
मुँह का कौर छीनने के लिए करते थे युद्ध
और प्रेम को बेरंग करने को धमकाते थे सपने में आकर।
हम उसे बचाने की ख़ातिर
नींद में भी भागते रहते थे—
घने अरण्य से लेकर भूमध्य सागर तक।

इस जन्म में ही कई-कई जन्म हो गया
एक देह में कई-कई देह ने रूप लिया
भिन्न-भिन्न भाषा, नागरिकता ओढ़े हुए।
हर बार हमारी ज़ुबान में वे मिलते रहे—
अपनी कुटिलता के साथ।

आँसुओं में डूबे दिनों के नेपथ्य में
वे हमारे ही लोग थे जो असमय में विदा हुए।
उन्होंने कभी युद्ध को आमंत्रित नहीं किया
जिससे भी मिले, प्रेम में उमड़ते हुए मिले।
रोमांचित हो जाता है मन
फूलों में उनके रंग, फलों में उनकी मिठास देखकर।

प्रकृति की अनुपम भेंट है ज़िन्दगी
वह पृथ्वी के विशाल कुटुम्ब को चूमने आई है—
नये सूर्योदय के साथ
युद्ध नहीं उसकी डगर।
खुले कंठ से कहता हूँ कि
सिर पर सींगें, पुट्ठों के पीछे पूँछ नहीं है हमारी
दो हाथों, दो पैरों वाले हो गए हैं फिर एक बार।

घास के जूते

थम्हाई उसने
लू चलती राहों में तरबूज की एक फाँक
सूखे कंठ को
तान दिया बगैर छाता छाया सिर पर
और देखकर यह—
नंगे तलुवों के नीचे आ गई घास ओस से निकलकर।

जुड़ाती रही वह, जुड़ाते देखकर मुझे
एक फाँक, दो फाँक, तीन फाँक
आगे का अपने वह देती रही सारे उठाकर।

कौन हो सकती है वह स्त्री—
जिसका पाकर इशारा जंगल से निकलकर चली आई छाया
घास चली आई
पृथ्वी के आख़िरी छोर से दौड़ती हुई?

मुखाकृति नज़र नहीं आई
ढँके हुए थे आँखों तक बादल, जो देखते ही—
खिसककर चले आए इन आँखों में
और भीगने लगे एक-दूसरे को ताकते।

कोई दूसरा नहीं, यही है प्रेम
दुनिया के घरों में जो गया है—
दरवाज़े के बाहर—
घास के जूते उतारकर।

उसका आना

खिली हुई देह निहारती अकेले में
यौवन के छापे की आकृतियाँ काँख के पास अपने
देखकर मुझे लजा गई।
भाग गई छत के ज़ीने पर
बारिश में भीगने लगी घर की ओरौनी के नीचे खड़ी होकर
नदी में नाव से उछलकर, तैरते हुए उस पार जाकर—
कहने लगी कि नहीं आऊँगी, नहीं आऊँगी, नहीं आऊँगी...
तुमने अचक्के में होंठ जो जूठे कर दिये
धरे थे मैंने उन पे जिस जतन से जल-प्रपातों की ध्वनियाँ—
वह भी जूठी हो गई, बोल के शब्द जूठे हो गए
निःशब्द जूठे हो गए, नहीं आऊँगी, नहीं आऊँगी...

कहते हुए वह आ रही है पास मेरे आज भी—
आँधियों में, धूप में, बरसात में कि
नहीं आऊँगी, नहीं आऊँगी, नहीं आऊँगी...

एलबम

मेरीजान
तुम्हीं तो हो जिसे मैं गुहराता रहता हूँ
सब समय हर छोटी-बड़ी बातों के लिए
बनाता रहता हूँ अपने तक आने की राह
दो पत्थरों के बीच
फहरती तुम्हारी पत्तियों को देखकर।

जिस दरवाज़े पर लेकर तुम्हें आया हूँ
यही है मेरा वतन
तुम यहाँ रह सकती हो अपनी तरह—
किसी पहचान-पत्र के बग़ैर
यहाँ से तुम उड़ सकती हो परिन्दों के साथ
यक़ीन करो परिन्दों से भी ऊँचा उड़ सकती हो—
और वहाँ से लौट सकती हो मेरी तरह
रास्ते के लोगों से बात करते हुए।
यही है मेरा वतन
यहीं रहता हूँ मैं अपनी कविताओं के साथ
यहाँ रहने के लिए ज़रूरी नहीं है—
किसी देश का होना नागरिक।

मेरीजान
तुम्हीं तो हो मेरे सपने में जिसका खुलता है एलबम
एक हाथ से समुद्र
दूसरे हाथ से तारों को छूती हो तुम।

वृत्तान्त

करोड़ों आवाज़ों के बीच से रास्ता बनाती हुई—
उसकी आवाज़ आती है और—
मेरी आवाज़ उसे लेकर चली जाती है ब्रह्मांड में।

अकल्पनीय है—
नक्षत्रों के अलग-अलग रूप के उजालों का नृत्य करते हुए
उन आवाज़ों को अपनी भाषा में—
रूपान्तरण कर घाटियों में झरने-सा उतरना
और उन्हें सुनने के लिए—
अपने रंगों को सँभाले फूलों को दौड़े चले आना।

मैं जब मिलता हूँ
बाँहों में उसे भर, बताता हूँ यह सब बिना मुँह खोले
उसकी आवाज़ की नज़र उतारता हूँ
उसके होंठों को चूमते हुए।
बिछ जाता हूँ पानी बन उसके आगे
वह उसमें उतरती है, तैरती हुई लपेट लेती है मुझे।
अकल्पनीय है—
किसी स्त्री का पानी पहनना
पानी को फिर इन्सान में तब्दील कर देना।

मिट्टी-ढेले से उठे

दिल्ली में मिला लहटोरा
खड़ा था एक कॉलोनी के मोड़ पर अपरिचित पेड़ों के बीच—
वह गृहस्थ पेड़।
देखा उसे कि सुनाई पड़ने लगी—
झींगुरों, मेढकों की आवाज़
बारिश में नहाई टहनियाँ उसकी मेरे बचपन से निकल
आ गईं सामने जुगनुओं की रोशनी लिये हुए।

उसके कोटर में गौरैया के लिए
रखकर आता था दाने कि
फुनगियों तक मच जाता था शोर
नागा होने पर गौरैया ढूँढ़ने चली आती थी मुझे
कई बार लगता था कि लहटोरा भी है साथ
सोचता था कि गौरैया लहटोरा को लेकर उड़ गई
फिर हमारा क्या होगा?
सिर्फ खेलने के लिए ही नहीं, बड़ा करने के लिए क़द—
ऊँचाइयाँ छूने के लिए भी लटकता था उससे।
घर में जब कभी किसी बात से मन होता था भारी
चला आता था क़रीब उसके।
कभी लगा ही नहीं वह ग़ैर है, अनबोलता है
नहीं जा सकता पाँव-पाँव इधर-उधर।
एक बार एक लड़की एक लड़के के साथ भागकर आई

चढ़ गई पकड़कर उसकी डाल
छिप गई पत्तियों में प्रेमी को लेकर।
पचासों लाठियाँ कर रही थीं पीछा
झाँकते ऊपर–नीचे, पास आ–आकर काटती चक्कर।
नहीं खोज सकीं, लौट गईं उल्टे पैर।
मैं बहुत ख़ुश हुआ उस दिन
दौड़कर लहटोरा के पास गया, चूम लिया।
यह सब उस दिन भी आया याद—
जब शहर से लौटकर पहली बार बिताकर कुछ माह
लौटा था गाँव।
खोजता रहा बावला बन, किसी ने बताया नहीं
कहाँ चला गया घर के पास से लहटोरा।

लहटोरा को देखा विश्वास नहीं हुआ
पास गया
उसकी पत्तियाँ निहारीं, तने को किया स्पर्श
नहीं पूछा कि—
हममें से बहुतों को पेट ने दिल्ली दिखाया
तुम्हें किसने?
गौरैया के प्रेम ने?
नहीं पूछा, नहीं बोला गया कुछ भी
आँखों में भर गया लोर।

ऐसा ही है हमारा मिलन
ऐसी ही है प्रेम की डोर
हम ढेले से उठे लोग हैं
ऐसे ही खिंचे चले आते हैं—
मिट्टी–ढेले से उठे की ओर।

कमरे का एकान्त

डेरा बदला जा रहा है
अलना, खूँटियों से उतारे जा रहे हैं कपड़े।
उन कुरतों से आ रही है पसीने की गन्ध जो है ही नहीं वहाँ
एक बार उठती है मेरी तरफ़ घर भर की आँखें
फिर लग जाती हैं काम में।
समेटे जा रहे हैं बिखरे सामान
बाँधे जा रहे हैं बिस्तर
अपने-अपने पाताल में रखे सामान को चुपके से निकाल
स्त्रियाँ रख रही हैं गठरी, मोटरी में।
कुछ सामान मिलते होने लगता है शोर—
कि देखो यहाँ दबी पड़ी थी
कितना हलकान था घर उसके लिए
काठ की मथनी भी मिल गई जो परछने के समय आती है बाहर
जब कोई कनिया चौखट के अन्दर रखती है गोड़।
लो, सँभाल कर रखो इसे—
जाने वाले सामान के साथ।

नहीं पता, कौन-कौन जानेवाले सामान के साथ गया
कौन-कौन नहीं
उन दोनों में मेरा कोई सामान नहीं है।

सारा माल–असबाब जाने के बाद
सबसे अन्त में मेरी पगध्वनियों को पहचानने वाला कमरे का एकान्त
गाड़ी में आकर बैठ गया—
मेरी बग़ल में चुपचाप।

कोरे का मान

मेरी उत्सुकता
अपने को चित्रित किए जाने को रहती है बेसब्र
मुँह देखती रहती है तुम्हारा।
तुम्हारे सृजन में दाख़िल होती है भीड़ से निकलकर
बैठ जाती है अपने को तुम्हारे हाथों में देते हुए।
रँगती हो तुम अलग-अलग दृश्यों में ले जाकर
अपने रंग, रागों के स्पर्श से उसे।
और अनन्त छवियों का कराके आभास कोरे का रखती हो मान
आह्लादित हो उठती उत्सुकता मेरी
देखकर उसे तुम्हारी उत्सुकता आती है बाहर
ऐसा कौन होगा दूसरा, तुम्हारे सिवाय!

नये दिन

चौपरतने को खोजते हैं एक-दूसरे का सिरा
डूबा है अतल गहराई में ओर-छोर।
बार-बार पानी की चादर हाथों से उठाती है, गिरती है
मुस्कराता है बीज मिट्टी में धँसे, बाहर मुँह काढ़े।

अच्छा है शब्द चौपरते नहीं जाते
वरना हमारे लिए लोग कहाँ-कहाँ भटकते
एक छोर पाते, दूजे में बिलम जाते।
कोई एक ठिकाना, एक देस तो है नहीं
किसी ज़ुबान पर यहाँ है, किसी की ज़ुबान पर वहाँ
कोई ईर घाट है, कोई बीर घाट
कोई-कोई बिना घाट-बाट का है।

दुनिया देखनी है
चौपरतना छोड़ पुराने उजाले का गुमान
आओ नये दिन में!

काषाय वस्त्रों के शब्द

ऐसी ही झींसी पड़ती साँझ में
अपनी छत के नीचे भीगते रहते हैं बड़े लामा
शून्य में कहीं दूर से उन्हें सुनाई पड़ती है
पशुओं को चराकर घर लौट रहे लड़कों की आवाज़—
आ–जा तुझे भी चखाते हैं
जंगल में मिला है एक अजूबा फल
एक बार होंठ से छुएगा कि छुछुआता फिरेगा उसके लिए
चल आ–जा छोटी पहाड़ी के नीचे बावली के पास
थोड़ा–सा रह गया है जल
उलीचते हैं मिलकर ढेर सारी हैं मछलियाँ।

बड़े लामा चित्त को वहाँ से हटाकर
बुद्ध की ओर करते हैं ध्यान दोनों कानों को हाथ से छूते हुए
कि सूखे पत्ते की तरह पूरे कमरे में उड़ने लगते हैं वही सारे शब्द—
वे उन्हें चुनकर फेंकते हैं मन के पार
थोड़ी देर में वे फिर आ जाते हैं।
मुस्कराते हैं बड़े लामा।

कितने ढीह हैं शब्द
बैठ गए हैं आकर बुद्धजन के पास काषाय वस्त्रों में
अपने पीछे निखरहर देह डालते घर के बच्चों के चित्र लेकर

बुद्धजन उन्हें कितना देख पा रहे हैं, नहीं पता
मगर बड़े लामा—
सँभालते अपनी समगति, कुशालका उठाते हैं—
जाकर दरवाज़े का खोल देते हैं फाटक।

प्रार्थना में निःवस्त्र

मैंने उसे प्रार्थना में देखा बड़े लामा
पेड़ से बँधे थे उसके जूठे हाथ
मुँह भी जूठा था
लगा था भात होंठ के ऊपर
और सिर से बहता ख़ून उसके चिथड़े पर गिरकर सूख गया था—
जिसे उसने पहिन रखा था कमर के नीचे।
मुझसे देखा नहीं गया बड़े लामा जब—
हुले-हुले करके तमाशबीन
उन पथराई आँखों के सामने खोलकर दिखलाते अपना अग्रभाग
इशारा करते कहते रहे कि
ले इसे खा भात-चोर
कोई और नहीं तू ही है उस जन्म का अंगुलीमाल।

मुझसे देखा नहीं गया बड़े लामा
मैंने उसके हाथ की डोरी खोल दी
पहिनने को दे दिया उतार कर देह का वस्त्र
प्रार्थना में निःवस्त्र हो गया बड़े लामा
वह भी बुद्ध के सामने...
आपके सामने कैसे आऊँ प्रार्थना से निकलकर!

आधी रात में नींद से जग गए बड़े लामा
उठकर आ गए पास में सोए भिक्षुक के पास
सिर पर रखा हाथ, पूछा कि कुछ कहा तुमने ?
उसने सिर हिला दिया कि नहीं
कुछ देर तक वे एक-दूसरे को देखते रहे भौंचक।

पिपरहवा में बुद्ध

एक धाप, बस, एक धाप और है बुद्ध का घर
यह कहते–कहते
बड़े लामा को लुम्बनी से पिपरहवा लेकर चले आए थे बुधिराम।

एक धाप कहते बुधिराम
बड़े लामा के भीतर धम्म की गूँज सुनाई पड़ती थी
वे विचलित हो उठते थे बुदबुदाते हुए कि
उसने तो माना ही नहीं पुरातत्त्ववेत्ता के नक्शे का निर्देश
उँगली पकड़ कर ले गया कहीं और
कहा कि वहाँ नहीं, यहाँ है बुद्ध का घर।
ज़मीन खिसकती–खिसकती यहाँ चली आई
मेरे घर के मोहरे से मिल गया है उनके घर का मोहरा
बैठकर इसी मोहरे पर कीजिए दाना–पानी...
और... जिस नदी को पार किया रास्ते में
लोगों ने बताया कि यह है बुद्ध की समकालीन
उसने कहा कि नहीं, यह नहीं है वह
वह तो चली गई बुद्ध के पीछे–पीछे बिहार—
आम गाछी, पहाड़ी रास्तों से होती हुई!
कितने विश्वास से कहता था वह कि
जानती थीं इसे आम्रपाली, सुजाता...

लुम्बनी की सड़कों पर बसों से उतर रहे हैं
झुंड के झुंड बौद्ध भिक्षुक
मुझे याद पड़ रहा है कि
बड़े लामा को लुम्बनी से पिपरहवा लेकर चले आए थे बुधिराम।

उजाले के पार

उसने ब्रेल वाली पुस्तक उठाई
और उजाले के पार से पढ़ने लगा जो छूट गया था—
उससे आगे।
वह पढ़ता था कि पानी के टपकने की आवाज़ आती थी
एक बार बोध हुआ कि
मुझमें कोई बूँद टपकी।
उसने कहा वह जो मेरे बोलने के साथ आवाज़ आती है—
वह मेरा उजाला है
तुम्हारे उजाले से थोड़ा भिन्न।
मैं अपने उजाले में खड़ा होकर
तुम्हारे उजाले के पीछे देख सकता हूँ—
जहाँ घूम रहे हैं सत्य के खरगोश।
एक बार मेरे उजाले से होकर
अपने उजाले के पीछे उनके पास चलो
जैसे बुद्ध गए थे मुझे लेकर—
मेरे खरगोशों के पास।

वह बोल रहा था कि टपक रही थीं पानी की बूँदें
मैंने उसी समय जाना कि
दूर से जो माला दिखता है
वह असल में सत्य के खरगोश है जिसे—
बौद्ध भिक्षुक बरसों से उठाए चल रहे हैं अपने हाथों में।

मूर्त होती छवियाँ

धागे से भी पतली कोई चीज़ चमकती है दूर-दूर तक
हवाओं में डुबकी लगाती।
जब-जब उठाती है सिर वह
अनगिनत सिर अग्निशिखा के लगते हैं उठने एक-एक कर।

उस एक की इतनी सारी छवियाँ
जिसे वह मूर्त करती है अनेक में
वही, हाँ, वही बाद में अकेले को नहीं रहने देती अकेला
आफ़त-विपत में घेरकर हो जाती है खड़ी
अलिखित को करते प्रकाशित।

आगे के रास्ते

पेड़ों के बीच लेटे हुए हैं रास्ते
लिये हुए लिपिहीन बोलियों की गन्ध
पास में है धूप
दिन जाने के बाद भी वह रह गई है उनके पास।

थोड़ी देर में वे उठेंगे
बढ़ जाएँगे आगे अपनी धूप के साथ।
रास्ते दूर से आ रहे हैं, जा रहे हैं दूर—
आग के लिए जलावन लेकर
दातुन, अन्न, नमक, कपास लेकर
नये-नये तराने, नई-नई धुन लेकर
आँखों में सपने, होंठों पर मुस्कान लेकर।
जहाँ-जहाँ से वे गुज़र रहे हैं—
उनसे आकर मिल रहे हैं दूसरे रास्ते
घरों से निकलकर
नदियों, पहाड़ों, जंगलों से निकलकर
स्कूलों, दफ़्तरों, कारख़ानों से निकलकर
सुरंगों, तहख़ानों, खदानों से निकलकर
न जाने कहाँ-कहाँ से निकलकर।
पहली बार दूर के रास्तों ने जब क़दम आगे बढ़ाया

काँप गई थी उनके आस-पास की दुनिया—
यह सोचकर कि पता नहीं कौन दिशा मरकही हो—
टाँग ले अपनी सींगों पर—
रास्तों ने उन बातों की कहाँ की परवाह
निकल गए, सो निकल गए।
उन्हें निकला देख दुनिया का निकला पहला बच्चा
उनके पीछे-पीछे—
मिट्टी के छोटे-से पहिये को चलाता हुआ।

मुझे यह कहने में थोड़ा संकोच नहीं
रास्ते का आदमी हूँ और मैं—
अपने लोगों के बारे में जानता हूँ दूसरों से अधिक
सच यही है कि
लाखों वर्षों के बाद भी वह बच्चा जीवित है—
पृथ्वी के तमाम बच्चों के भीतर।
कोई हो-न-हो, यक़ीनन बच्चे ही हैं फ़रिश्ते।

फ़रिश्तों को उनके माँ-बाप से छीननेवाले आततायियो!
तुम एक दिन उस फ़रिश्तों के बीच मारे जाओगे
तुम्हें देख रहे हैं रास्ते कि किस तरह—
बेरास्ते से आकर तुम उनकी आँखों में—
झोंक रहे हो धूल।
तुम कैसे मिटा पाओगे
दुनिया की माँओं की लोरियों में पड़े ख़ून के छींटे!
तुम उन रास्तों से डरते हो कि
वे तुम्हारा पीछा कर रहे हैं
देखकर अपनी मृत्यु के दिन
रास्तों को एक-दूसरे से मिलने नहीं देते

रास्ते को बन्द करते हो, मिटाते हो उन्हें
समझ रहे हो कि ख़त्म हो गए रास्ते ?

उठाओ दूरबीन
देख सको, देखो
मेरे चेहरे पर पड़ रही है रास्ते की धूप
चल रहा हूँ कि
दिखते जा रहे हैं आगे के रास्ते।

नया साल

लोहार की भाथी
चर्मकार की पेटी नमस्कार
दर्जी की सूई
धुनिया की ताँत नमस्कार
कुम्हार की चाक
बढ़ई की रुखानी नमस्कार
तुम्हारी गढ़ी काया को नमस्कार।
काया की संगत को नमस्कार।
धूप में पसरे कपड़े
खेत में खड़ी फ़सलें नमस्कार
जिन-जिन घरों में जाओगे तुम
उन-उन घरों को नमस्कार
तुम्हारे ही बीच से रेल के चालू डिब्बे में चढ़कर—
मुझ तक आया है नया साल
नया साल को घर के चौखट का नमस्कार...

दुभाषिया

जब यहाँ आया
अगुआनी में हवा सुगन्ध लेकर आ गई सबसे पहले
आगे चलकर वही दुभाषिया हुई मेरी।
वही भूख को रोटी के पास ले गई
प्यास को पानी के पास
मुहब्बत को ज़िन्दगियों के पास
सोच को आवाज़ के पास।
यही अपनी आदतें डालकर रहती है मुझमें
पुराने से नया मेरे और अपने को बनाती रोज़-रोज़।

यहाँ पहुँचने पर मालूम हुआ कि
जिन भाषा-भाषी लोगों के बीच में हैं हम
उनका जन्म आग-पानी से हुआ है।
वे भी मेरी तरह भूल गए हैं अपनी भाषा जो यहाँ
आने से पूर्व बोलते थे कभी।
सभी अपने-अपने समुदाय की सिखायी बोलते हैं
अपनी सिखायी की श्रेष्ठता को माथे पर उठाए।
दूसरे की सिखायी से झगड़ते हैं—
आधी दुनिया की ओर किए पीठ।

मैं उसी दुनिया में टहलते-टहलते आ गया
उस बरगद के पास जिसकी टहनियों से लटकते बरोह ने
ज़मीन पर आकर अपनी जड़ें जमा ली हैं
एक नहीं, पचासों और सभी हो गए हैं कद्दावर एक जैसे।
कुछ-कुछ पास हैं
कुछ-कुछ दूर-दूर चले गए हैं जहाँ बह रही है नदी।
उन सबकी देर रात गए नदी से होती है बात
पंछियों की होती है शाम गए, जब वे आते हैं झुंड के झुंड।

मुँह-अँधेरे मैं वहाँ से चलने को हुआ कि
एक पंछी तभी नदी के पैरों की उँगलियों को पंख से कर स्पर्श
जगा दिया उसे।
नदी देखने लगी मेरी ओर।
भाषा में पाकर मुझे
दूर खड़ी मुस्कराती रही दुभाषिया।

तालियाँ

तालियों से खिले चेहरे तालियों से भाग रहे हैं—
खपरैल घरों, कोठियों, अपार्टमेंट के तल्लों पर।
कहीं नहीं मिल रहा है ठौर
सभी जगह उधिया रहे हैं पतिंगे लाखों-लाख
न बैठने दे रहे हैं, न बात करने
छेंके हुए हैं चौतरफ़ा बिना शारीरिक आघात पहुँचाए।

जैसे-तैसे करके जतन
वे उबरकर आ गए निरापद जगह
कि बज उठीं तालियाँ

तालियाँ बजती हैं
चौंक जाते हैं तालियों से खिले चेहरे, सिहर उठते हैं
इधर-उधर दौड़ाकर निगाह—
घुस जाते हैं गुसलख़ाने में
आईने के सामने खड़ा होकर धुलते हैं हाथ
कि सभ्यता का छूटने लगता है रंग-रोगन
घबड़ाकर अपने लोकप्रिय चेहरे पर मारते हैं पानी के छींटे
कि उतरने लगता है उपलब्धियों का लेप
कि बज उठीं तालियाँ

तालियों में बहे लोगों को देखकर
समुद्र के इस पार से उस पार
मज़ा ले रही हैं तालियों में दबी आवाज़ें
निःस्तब्धता में बजाते हुए तालियाँ।

पहसुल

यह कविता उस औरत की है—
जिसने कभी नहीं देखी थी रेल।
पहली बार दूर गाँव से सज-सँवरकर
आई थी देखने उसे।
और जब लौटने लगी राह में सुनाया मुझे
कि दीदी के संग टीसन पर हुई ठाढ़
टीसनवाला बोला कौन है रंडी ठाढ़।

ज्यों-ज्यों कविता आगे बढ़ने लगी
वह औरत पाठ करती हुई बदलती गई—
एक से एक रूप में
फिर सभी रूपों को तोड़कर आकार हो गई अदृश्य।
यह अदृश्य हुई औरत की कविता है
जिसकी कुछ पंक्तियाँ मेरे पास हैं और
कुछ उस व्यक्ति के पास—
लोहा खोजने जो पहाड़ पर चला गया पिछले दिनों।

मुझे पढ़ना नहीं आता जैसा पढ़ती थी वह
छेनी से सिल पर कूटे जाने की ध्वनि आती थी—
पाठ से उसके।
आस-पास कुछ चीज़ें ढहने लगती थीं

मगर वैसा नहीं जैसा कि
इन दिनों दैत्याकार मशीनें ढाह रही हैं पुराना ढाँचा
गाँवों को कॉलोनियों को बदलने के लिए—
उगल रही हैं सीमेंट, बालू, मिट्टी के बने मसाले।
सही-सही मैं उस अभिव्यक्ति की नक़ल नहीं कर सकता
वे गढ़े हुए शब्द नहीं हैं
न ही आयातित हैं
वे सीधे उतर जाते हैं, धँस जाते हैं भीतर
मुक्तभोगी बनाकर, डाल देते हैं बीज।
तभी भूल नहीं पा रहा हूँ—
दिल्ली की वह स्याह रात
और निर्लज्ज मर्दानगी की ख़ूंखार सूरतों के बीच
ख़ून से नहाई बस में पड़ी उसकी वह कविता—
जिसने कभी नहीं देखी थी रेल।

यह कविता मैं जब पढ़ रहा हूँ
वह अदृश्य औरत यहाँ है मौजूद
और वह भी आ गया—
उस औरत के हाथों में गढ़कर देते हुए पहसुल
लोहा खोजने जो पहाड़ पर चला गया था पिछले दिनों।

सर्कस

पाकर थोड़ी-सी आहट
टहलने चले जाते हैं पैरों को छोड़कर पैर
आँखों के पीछे चली जाती हैं आँखें—
डाब पीते लोगों के बीच समुद्र देखने।
चले जाते हैं कभी कहीं, कभी कहीं...

टोकते हैं हाट-बाज़ार में परिचित कई
कब आए? बेटा ने देखा था—
नेटाल की सड़कों पर आपको पीटर ब्रुक के साथ।
कोई कहता है कि आजकल ख़ूब घूम रहे हैं
चाईबासा, बस्तर से लेकर हिमालय की तलहटी तक
क्या कोई कारोबार कर लिया है लिखना छोड़कर?
हाँ-ना कुछ नहीं कहता
देखता रहता हूँ उनका मुँह।

पैरों, आँखों की तरफ़ जाती है निगाह
सामने उनके फिर भी बना रहता हूँ अनभिज्ञ
मानो जानता नहीं कुछ भी
वे भी होते हैं ख़ुश परदे में रखकर मुझे।

जैसे भी हैं वे, अपने हैं
चलता हूँ तो चलते हैं
देखता हूँ तो देखते हैं
समय पर रहते हैं तैयार बजते सर्कस की घंटी।

❂❂❂